DISCOURS

Pour *l'Anniversaire du Sacre de S. M.* L'Empereur *et* Roi *, et de la Victoire d'Austerlitz.*

Hoc tibi signum, quia unxit te Deus in principem.

Voilà le signe auquel on reconnaîtra que Dieu t'a consacré prince de son peuple par l'onction sainte. (*I.er liv. des Rois, chap.* x. , *v.* 1.)

LE peuple Hébreu avait résolu de changer la forme de son gouvernement ; le Seigneur y consent, et désigne à son choix le jeune Saül. Par ses ordres, le prophète Samuël va trouver le nouveau roi, et après avoir répandu sur sa tête de l'huile qu'il avait apportée : voilà, dit-il, que le Seigneur a fait de toi un homme nouveau, *mutaberis in virum alium* (1) ; marqué d'un sceau divin, tu es de-

---

(1) I. *Reg.* X. 1.

venu l'oint du Seigneur, le fils du Très-Haut, son image ; sacré, indépendant, inviolable comme lui ; et la preuve que le Dieu d'Israël t'a choisi pour te consacrer Prince par l'onction sainte, c'est qu'il t'a donné ce peuple, pour que tu le délivres des ennemis qui l'environnent : *Liberabis populum tuum de manibus inimicorum, qui in circuitu ejus sunt ; et hoc tibi signum, quia unxit te Deus in principem* (1).

Institution ordonnée par Dieu même, pleine de touchans mystères, cette auguste cérémonie fut adoptée par nos religieux monarques. Ils pensèrent avec raison qu'elle ajoutait à leur élection le caractère d'une intervention divine. Elle semble réunir sur la tête du roi chrétien tous les sacremens de la Religion. Régénéré par elle, comme le nouveau-né par l'onction baptismale, il est transformé dans une nature supérieure. Revêtu d'une grace particulière, comme au jour solennel où l'effusion des dons de l'Esprit Saint nous a rendus parfaits Chrétiens, il est appelé par la sagesse de ses conseils, par le souffle vivifiant de sa puissance, à répandre partout l'esprit de force

---

(1) I. *Reg.* X. 1.

DISCOURS

Pour *l'Anniversaire du Sacre de S. M.*
L'Empereur *et* Roi, *et de la Victoire
d'Austerlitz*,

Prononcé dans l'Eglise Paroissiale de
St.-Roch, le Dimanche 7 Xbre. 1806 ;

Par M. N. S. GUILLON, *Chanoine hono-
raire de l'Eglise Métropolitaine de
Paris.*

Prix, 75 cent. ; et *franco*, 1 franc.

A PARIS,

Chez LAURENS Jeune, IMPRIMEUR-LIBRAIRE,
rue St.-Jacques, n° 61, vis-à-vis celle des Mathurins.

1806.

et de vie. *Insiliet in te spiritus Domini* (1).
Ministre de la Divinité, pour étendre son empire, il est en quelque sorte revêtu d'un sacerdoce qui le fait *évêque du dehors* (2). Enfin, roi pour son peuple, bien plus encore que pour lui-même, glorieux athlète de la patrie, de la religion, de la société toute entière, c'est à lui à soutenir la lutte de tous les ennemis de l'ordre public ; tel est l'esprit de cette cérémonie, tel est, dirons-nous avec un grand évêque (3), le mystère de Dieu et de son Eglise sur la personne des rois, lorsqu'elle verse sur leur tête l'huile sacrée.

Pénétré de ces généreux sentimens, notre Empereur a voulu que la dignité suprême à laquelle la patrie l'avait appelé, reçût de la Religion le sceau d'une consécration divine. A sa voix, un autre Samuël, le premier des Pontifes, vicaire de Jésus-Christ sur la terre, est venu répandre sur lui ses bénédictions avec l'huile

---

(1) I. *Reg.* X. 6.

(2) C'est ainsi que l'Empereur Constantin fut appelé, lors de la tenue du Concile de Nicée. (V. *Euseb. Vit. Constant. Liv.* IV., *ch.* 24.

(3) St.-Grégoire de Naziauze, *orat.* XXVII tom. 1, *pag.* 471.

sainte, et l'investir de la majesté de la Religion. Bientôt nous avons vu ce glorieux évé-
nement, qu'avaient préparé tant de triomphes,
amener à sa suite des conquêtes encore plus
brillantes, et pour manifester, par un nouveau témoignage, l'adoption qu'il avait faite
de NAPOLÉON, le Dieu des armées intervenir
lui-même dans l'anniversaire du sacre, en lui
donnant à pareil jour la victoire la plus signa-
lée, sur la foule d'ennemis qui l'entouraient :
*Liberabis populum . . . ., et hoc erit tibi
signum, quia unxit te Deus in principem.*

'Telle est, Messieurs, l'objet de la solen-
nité qui nous rassemble. Ce sont *les œuvres*
du Seigneur que nous allons vous *raconter* (1),
dans l'ordre des temps qui les ont vues sortir
des trésors de sa justice ou de sa miséricorde.

Les secrets de Dieu, tant sur son peuple,
que sur la personne de notre Empereur, ma-
nifestés par les événemens les plus extraordi-
naires ; le trône et l'autel, ce double fondement sur lequel repose tout l'ordre social,
après avoir été frappés des mêmes coups, se
relevant à la fois de leurs ruines ; la législation
et la morale enfin ramenées à leurs bases cons-

______

(1) *Psalm.* CXVII. 17.

titutives , l'Empire français à ses anciennes institutions , à ces principes vrais sans lesquels il n'y a point de bonheur public ni particulier : voilà les souvenirs que nous allons présenter à votre reconnaissance et à votre admiration.

Implorez avec nous les lumières de l'Esprit de force et de sagesse. *Ave Maria.*

Il deviendrait bien difficile de concevoir l'homme , et bien moins encore le Dieu puissant et bon qui l'a créé , si, après s'être plu à faire de ce chef-d'œuvre de ses mains un composé de corps et d'esprit , d'un corps , matière toute pétrie de besoins , contre lesquels la société peut seule le défendre , d'appétits déréglés, de passions brutales, qui bientôt feraient de cette même société un champ de bataille ouvert à tous les vices , d'un esprit avide de connaître son divin auteur, capable de l'aimer, de le servir , et par-là de mériter un éternel bonheur, si, dis-je, après avoir formé sa nature d'élémens aussi divers , Dieu l'avoit délaissé à lui-même comme un enfant abandonné.

Non, Chrétiens , il n'en est pas ainsi ; non, ce n'est pas en vain que l'homme se vante de porter en soi l'image d'un Dieu, et fait remonter jusqu'à l'Eternel lui-même, la noblesse de son extraction.

Mais par quel lien assortir des principes aussi opposés ? Quelle force supérieure va donc maîtriser ces capricieux besoins, tout en les asservissaut, sauver sa liberté par sa dépendance même, multiplier ses forces par ses sacrifices, en confondant toutes les volontés dans un seul concours, et d'une immense multitude, faisant en quelque sorte *un seul homme* (1)*?* Croyez-vous que ce soit trop d'une intelligence surnaturelle, trop de l'autorité d'un Dieu, pour donner des droits à celui-ci, commander des devoirs à celui-là, prescrire à tous des lois capables d'imposer silence à l'amour-propre, à l'intérêt, de satisfaire à la vertu, quand elle est malheureuse, d'atteindre le crime puissant, et de le poursuivre jusque dans la solitude, jusque dans les abîmes de la pensée ?

Celui-là seul qui suscita les vents et les tempêtes pour agiter les eaux de la mer, et, par un constant équilibre, les empêche de franchir leurs bornes, Dieu, mes Frères, a fait sortir de son sein la loi; la loi, rayon de

---

(1) *Reg.* XI, 7. *Egressi sunt quasi vir unus.*

sa propre sagesse, empreinte immortelle de sa divine essence, simple, féconde, immuable comme son divin auteur, esprit de vie répandu dans toutes les parties du corps social; la loi, principe nécessaire de tout ordre civil et de l'ordre religieux, né avec la société humaine, lié à tous les élémens de notre constitution, courbé quelquefois, et froissé un moment par les orages des passions et par les tempêtes politiques, mais pour se relever toujours avec plus de force, et qui ne périra jamais parmi les hommes, parce que n'étant point leur ouvrage, il n'est pas au pouvoir des hommes, ni du temps, ni des révolutions.

Telle est la source sacrée d'où découlent, et l'autorité qui unit les hommes entr'eux, et la religion qui unit l'homme à Dieu. Le même Dieu qui les a faites toutes deux à son image, leur a communiqué la sainteté de ses attributs et la plénitude de ses droits. C'est lui qui l'atteste dans les oracles dictés de sa bouche ou inspirés par son esprit. *Ecoutez*, dit-il, *ô vous qui tenez les peuples sous votre empire* (1). Comme vous vous choisissez des mi-

____

(1) *Præbete aures, vos, qui continetis multitudines*, Sap. VI, 3.

nistres pour régir vos provinces en votre nom, ainsi moi, *chef de toute principauté*, moi *de qui dépend toute la terre*, moi *à qui appartiennent en propre la majesté, la puissance et la victoire, je vous établis mes lieutenans sur la terre* (1). Comme je règne par-dessus tout dans mes cieux, ainsi régnez sur vos peuples sous mon commandement, *assis sur mon trône, armés du glaive de ma justice* (2), députés par ma providence à l'exécution de mes desseins. *Ego dixi : Dii estis* (3). Ainsi de la religion. C'est *pour elle qu'il a fait les siècles*, pour elle qu'il a remué le ciel et la terre, multiplié les prodiges de l'amour et de la toute-puissance ; parce qu'elle est, dit le Seigneur, *l'image de sa substance, l'apparente figure de sa*

---

(1) *Caput omnis principatûs et potestatis*, Coloss. II, 10. *Domini est terra et plenitudo ejus.* Psalm. XXIII, 1. *Tua est, Domine, magnificentia et potentia et victoria.* I Paralip. XXIX, 10. *Quoniam cum essetis ministri regni illius.* Sap. VI, 5.

(2) *Dominus Deus tuus voluit te ordinare super thronum suum, regem Domini Dei tui.* II Paralip. IX., 8. *Dabo gladium meum in manu ejus.* Ezech. XXX, 24.

(3) *Ps.* LXXXI, 6.

clarté (1). Donc, royauté, religion, double écoulement de sa majesté divine ; pouvoirs également suprêmes, absolus, inviolables : *Ego dixi : Dii estis.*

Ainsi a parlé le Seigneur ; sa voix a retenti par tout l'univers. Le trône des monarques, le sanctuaire de la religion, sont devenus le trône de Dieu, le sanctuaire de Dieu lui-même. Dès l'origine des sociétés, depuis qu'il y eut des pères et des enfans, des forts et des faibles, les hommages publics ont consacré le culte de l'autorité et de la religion. *Le ciel* et *la terre ont passé*, ils se sont renouvelés ; mais *les paroles* du Très-Haut, *qui ne passeront jamais* (2), avaient soutenu, à travers et les systêmes et les vicissitudes, la sainteté de l'autorité et de la religion ; lorsque tout-à-coup sorties, selon le langage de nos livres saints, *du puits de l'abîme, des vapeurs sombres* (3), enveloppant à la fois le

---

(1) *Splendor gloriæ, et figura substantiæ ejus.* Heb. I, 3, et Sap. VII, 25.

(2) *Cælum et terra transibunt, verba autem mea non præteribunt.* Matth. XXIV, 35.

(3) *Et aperuit puteum abyssi, et ascendit fumus putei.* Apocal. IX, 2.

trône et le sanctuaire , ont dérobé aux yeux des peuples ce double fondement de la prospérité des empires et du bonheur des particuliers. Frappés eux-mêmes de cet esprit de vertige , terrible avant-coureur de la chûte des états, les chefs des nations sont devenus complices des égaremens de leurs peuples, et transfuges de leurs propres droits. Vainement et la France , et l'Europe, et le Monde tout entier s'étaient reposés depuis tant de siècles à l'ombre tutélaire de ces dogmes antiques ; vainement la conscience du genre humain opposait à l'oubli de ces principes sacrés le souvenir des fléaux qui en ont toujours été le châtiment. Une curiosité avide d'expériences, un zèle amer de réforme , un mépris superbe de tout ce qui fut ancien , l'orgueil de prétendre faire mieux que tous les siècles à la fois , s'emparent de tous les esprits, comme certaines contagions saisissent de vastes contrées. Bientôt l'autorité n'est plus que despotisme , la religion qu'une erreur populaire. Tout chancèle, tout s'ébranle , tout s'écroule ; et, pardessus une mer sanglante, l'œil épouvanté n'aperçoit plus que les débris mutilés du trône et de l'autel.

Sans doute il était entré dans les desseins

d'une Providence impénétrable, que la parole des hommes prévalût un jour sur la parole de Dieu, afin qu'il ne restât plus dans les siècles à venir rien d'arbitraire dans les discussions, rien d'incertain dans les jugemens. Il fallait que l'erreur obtînt plus de succès qu'elle n'en avait espéré peut-être, afin que son humiliation servît mieux encore à relever le triomphe de la vérité, parce que, comme il y a dans la religion des *hérésies nécessaires* (1), pour la dégager de ses obscurités ; de même, dans l'ordre politique, il fallait éclairer par les feux des tonnerres et des tempêtes, les caractères quelquefois obscurs du livre des voies divines.

Aussi, après que de la même coupe des vengeances célestes se seront épanchées sur les peuples et toutes les erreurs et toutes les calamités ; alors, ô mon Dieu ! ô vous qui disiez autrefois à votre prophète : Ce n'est pas toi qu'ils ont méconnu, c'est moi : *Non te abjecerunt, sed me* (2), alors enfin sortez de votre repos, *prenez en main votre cause* (3),

---

(1) *Oportet et hæreses esse.* I Cor. XI, 19.

(2) I Reg. VIII, 7.

(3) *Exurge; quare obdormis, Domine?* Ps. XLII, 25. — *Judica causam tuam.* Psalm. LXXIII, 22.

vengez tant d'injures faites à la majesté de vos images, sauvez votre France qui périt, et par le rétablissement de ses lois et de ses autels, sauvez l'antique héritage de St. Louis et de Charlemagne.

Telles ont été les pensées de Dieu sur nous, et nous l'ignorions (1) ; et souvent, ô hommes de peu de foi, nous avons accusé le sommeil de la Providence. C'étaient des pensées d'une paternelle justice qui châtie ceux qu'elle aime, pour les corriger, non pour les anéantir. *Non ad interitum, sed ad correptionem* (2).

Maintenant, Messieurs, qu'il s'est réveillé, rappelons ses bienfaits ; et comme les enfans d'Israël au jour anniversaire de leur sortie d'Egypte, *célébrons les magnificences* du Dieu qui nous a délivrés de nos ennemis, et rappelés des ombres de la mort. *Cantemus Domino; gloriosè enim magnificatus est* (3).

Au moment où se formaient parmi nous ces *vents des doctrines humaines*, comme parle

---

(1) *Ego scio cogitationes quas ego cogito super vos, ait Dominus ; cogitationes pacis et non afflictionis.* Jerem. **XXIX**, 11.

(2) II *Macchab.*, **V**, 12.

(3) *Exod.* **XV**, 1.

l'Ecriture, lesquels ont amassé tant de tempêtes (1), et allaient amener de si déplorables
naufrages; d'une extrémité à l'autre de ce vaste
Empire, les craintes et les espérances qui l'ont
divisé dans tant de partis divers, vinrent bientôt se réunir dans cette seule pensée, que c'en
était fait de la monarchie et de la religion.
Tandis que les hommes *épris de l'amour
des nouveautés* (2), poursuivaient l'œuvre
de cette régénération promise à la France, les
autres déploraient amèrement tant de ruines ;
et tels que les prophètes de Sion, ils voyaient
avec effroi les colonnes de l'état périr, pour
entraîner bientôt dans leur chûte tout l'édifice.

Mais Dieu a regardé de plus loin. Son œil,
qui *scrute les cœurs*, et *juge les justices
mêmes* (3), a cherché parmi les autres Empires, s'il en était de plus fidèles. Partout il a
vu l'oubli de ses lois, l'indifférence pour son
culte, partout de coupables complicités ou
une honteuse léthargie : *Omnes declinave-
runt, simul inutiles facti sunt* (4). Il a vu,

---

(1) *Ephes.* IV, 14. — Oseæ VIII, 7.

(2) II *Tim.* III, 5.

(3) *Psalm.* VII, 10. — *Psalm.* LXXIV, 3.

(4) *Psalm* XIII. 4.

au sein de ces mêmes états, les sources pre-
mières de ces doctrines séditieuses qui ne pres-
crivent jamais contre le Seigneur ; il a vu
l'orgueil de leurs pensées, l'ambition de leurs
projets, l'artifice de leurs alliances. Tout fut
coupable ; tout sera puni.

C'est au premier Empire du monde qu'il
appartient d'exercer le terrible ministère des
vengeances divines : la France en aura l'hon-
neur. Dieu lui a dit : *La vengeance est à
moi* (1.) ; à moi *les clefs de la vie et de la
mort* (2). Ai-je donc besoin de ces *bras de
chair* (3) pour me défendre moi-même ? Depuis
quand ai-je cessé d'être le *Dieu puissant* (4),
et les ennemis de la France sont-ils devenus ses
juges ? *inimici nostri sunt judices* (5) ? C'est
pourquoi je t'ai choisie, toi que j'aurais pu reje-
ter, *elegi te, et non abjeci te* (6). Choisie pour
t'établir *dominatrice des nations* ; qu'elles
soient devant toi comme *la paille légère que*

---

(1) *Rom.* XII, 19.

(2) *Apoc.* I, 18.

(3) *Cum illo est brachium carneum.* II Paral.
XXXII, 8.

(4) *Omnipotens nomen ejus.* Exod. XV, 3.

(5) *Deuteron.* XXXII, 31.

(6) *Isai.* XLI, 9.

disperse l'ouragan (1). Renverse, et franchis tes barrières, et prenant ta course avec la force d'*un géant*, fais-toi de tes ruines elles-mêmes un point d'appui pour t'élancer *jusqu'aux extrémités de ta carrière nouvelle* (2). Voilà que je te soumets, et les saisons, et les fleuves, et les montagnes (3); que les cités réputées imprenables, que ces corps d'armées, forts comme des murs d'airain, que les plans les mieux concertés, que les plus expérimentés capitaines tombent à ton nom seul, et que l'univers tout entier se taise en ta présence (4).

Eh ! pour qui donc, Messieurs, ces brillantes destinées ? Quoi ! pour cette France, naguères énervée, ce semble, par tous les arts du luxe et de la mollesse, alors affaiblie par les dissentions dont elle était déchirée ? A peine a-t-elle de quoi se défendre elle-même, comment serait-elle pour l'Europe un objet d'épouvante, elle en qui ses voisins ne voyent

----

(1) *Isai.* XLI, 2.

(2) *Exultabit ut gigas ad currendam viam, et occursus ejus usque ad summum ejus.* Ps. XVIII, 6.

(3) *Triturabis montes et comminues.* Isai. XLI, 15.

(4) *Conquievit et siluit omnis terra.* Isai. XIV, 7.

plus qu'un objet de risée, *facti sumus vicinis opprobrium* (1), elle, que dans leurs vains conseils ils dévoraient comme une proie facile, dont ils se partageaient déjà la dépouille, et que déjà même leurs orgueilleuses espérances avaient retranchée du nombre des puissances.

Tandis que l'Autriche, l'Espagne, l'Italie font mouvoir leurs immenses armées, et menacent nos frontières; cette nation voisine, si fière à l'abri de l'élément qui la protège, notre irréconciliable ennemie, ce peuple de marchands, qui se vante d'attacher le sceptre du monde à son pavillon, l'Angleterre, d'une main sème dans nos provinces l'intrigue et la corruption; de l'autre elle pousse sur nos côtes et contre nos ports, ses flottes nombreuses, vastes filets dans lesquels elle tient enlacées les productions des deux mondes. Déjà Toulon est en leur pouvoir, et le perfide étranger, qui se rit de nos divisions, arbore sur sa conquête d'un moment un étendard infidèle.

Gardienne de l'autorité sainte, qui s'anéantit, quand elle se partage, ô Providence !

---

(1) *Psalm.* **LXXVIII**, 4.

votre heure est venue : faites sortir du secret de sa retraite, celui que vous vous êtes choisi. Montrez à la première de nos cités maritimes l'homme de votre droite, *virum dexteræ tuæ*, (1) dans qui tant d'autres cités reconnaîtront bientôt leur maître ou leur libérateur.

Un jeune officier propose un moyen sûr de rentrer dans Toulon ; c'est le même dont les conseils l'auraient sauvé, s'ils eussent été suivis. Chargé de l'exécution, le même guerrier, que les plus vieux généraux s'étonnent de voir, dans un âge aussi tendre, si profond dans ses vues, si pénétrant dans ses résolutions, va bien plus encore étonner l'ennemi par une intrépidité de courage, à qui rien ne résiste, par une rapidité de coup-d'œil, semblable à l'inspiration, qui embrasse à la fois, et tous les besoins, et tous les obstacles, et toutes les ressources. par une puissance de génie qui entraîne les hommes et les événemens, et se fait obéir de la fortune. Le héros, l'homme extraordinaire s'est déclaré ; Toulon est repris. L'Angleterre est humiliée ; elle apprend à redouter le nom de B on aparte. Désormais que le vaisseau

---

(1) *Psalm.* LXXIX, 18.

de l'État soit battu par l'orage, il ne sera pas submergé.

Elle a commencé cette longue chaîne de prodiges que nous avons vus. Voilà le fleuve à sa source. Ainsi, par les premiers essais de son courage, David, environné d'ennemis, préparait ses hautes destinées. De si glorieuses espérances ne tardent point à être justifiées.

Du fond de l'Allemagne, une armée formidable accourt, sous les ordres de Beaulieu. Ce sont ces vieilles bandes qui ont vu Marie-Thérèse, ont combattu sous Dawn et Loudon, et ne furent point vaincues par le grand Frédéric. Chefs, officiers, soldats, tous sont dignes l'un de l'autre; tous brûlent de se mesurer avec ces légions françaises, dont la belliqueuse émulation s'enflamme encore par le souvenir des journées de Jemmapes et de Fleurus. Ils se hâtent, ils s'empressent de se joindre aux armées du Piémont et de la Savoie. Au-devant, les Alpes déploient un front terrible, impénétrable, comme ces camps où les travaux de l'art, unis aux prodiges de la nature, mettent à l'abri de toute attaque et de toute surprise. Chacun de leurs rochers ressemble à une citadelle. Par derrière, des fleuves, des torrens, des déserts ou des abîmes.

A cette ligue imposante, qu'oppose la France ? NAPOLÉON. Seul ? Non, magnanime Empereur ! vous en avez fait la solennelle reconnaissance ; vous aviez avec vous une invincible escorte ; vous aviez le Dieu *qui dressa vos jeunes mains à la guerre* (1), et arma votre carquois des flèches de la mort. Vous aviez, pour défendre cette tête sacrée, exposée à tant de périls, *le bouclier* dont vous couvrait *l'ange de l'Eternel* (2), préposé à votre garde ; vous aviez à l'entour de votre personne auguste ces braves soldats français, *se jouant avec les dangers*, *riant avec la mort* (3), et laissant bien loin derrière eux tout ce que les anciennes histoires nous racontent de plus merveilleux.

Avec de tels auxiliaires, NAPOLEON est assuré de la victoire. Sa noble confiance a passé dans toutes les âmes ; plus d'obstacles, plus de dangers, plus de précipices, plus

------

(1) *Psalm.* CXLIII, 1.

(2) *Dedisti mihi clypeum salutis meæ.* II *Reg.* XXII, 36. — II *Macch.* XV.

(3) Relation du général en chef de l'armée d'Italie (*Bonaparte*), au Directoire. (*Hist. de Napoléon*, tom. 1, p. 19, *Paris*, 1806.)

d'Alpes, ni d'Apennin. Désormais toute digue est impuissante, toute résistance vaine ; la nature elle-même va céder au héros que Dieu protége. Bien loin de l'arrêter, ces montagnes, élevées jusqu'aux nues, s'abaissant sous ses pas, secondent la rapidité de sa marche. A son approche, dit le prophète, elles se sont écoulées comme l'eau des torrens, qui entraîne et emporte tout ce qui s'abandonne à son cours impétueux, *descendisti, et à facie tuá montes defluxerunt* (1). L'ennemi, qui le croit derrière ces rochers, s'étonne de le voir sur leurs cîmes, et bientôt à leurs pieds, fortifié à son tour par ces remparts naturels, qu'il saura bien mieux défendre. Imprudent ! il avait mis son salut dans ce qui assure sa perte. C'est la main du Dieu des combats qui l'avait amené dans ces défilés comme dans autant de piéges pour l'enfermer, et le livrer aux coups du vainqueur, *Deus vendidit illos, et conclusit illos* (2) ; c'est elle qui fait tomber à son aspect les barrières antiques de l'italie et de l'Allemagne. Le bruit de leur chute retentit jusqu'à Vienne, et va bientôt par-delà les mers, porter l'épouvante

_____

(1) *Isai.* LXIV, 1.   (2) *Deuteron.* XXXII, 30

au cœur de la Grande-Bretagne. Beaulieu a fui, mais, comme le lion à qui on enlève sa proie. Par une suite de manœuvres savantes, NAPOLEON l'a séparé des alliés. Des villes qui jadis soutinrent des siéges de plusieurs mois, des siéges d'années entières, ne tiennent pas contre la terreur de son nom et l'approche de ses armées; le Piémont et la Savoie sont devenus des provinces françaises.

Semblable à ces volcans répandus sur sa surface, dont les éruptions s'alimentent des feux qui couvent sous les eaux de la mer, l'Italie a reçu de la perfide Angleterre les feux nouveaux qui vont l'embrâser. Sous les yeux du vainqueur, elle ose entrer dans une lutte inégale ; mais Dieu l'a pesée dans ses balances éternelles. *Son œil* qui *pénètre les abîmes* (1), l'a jugée trop légère. Il commande au glaive de NAPOLÉON de diviser ses provinces, et de faire un partage nouveau de son territoire. Deux fois Milan sentira la vigueur de ce glaive qui n'est pas le glaive d'un mortel, *in gladio non viri* (2). Non, car c'est l'épée du dieu des batailles. Mais, ô ville chère à son cœur ! ville sainte ! où reposent les cendres

---

(1) *Eccles.* XLII, 18.   (2) *Isa.* XXXI, 6.

des Ambroise et des Charles Borromée, console-toi de ta défaite ! cesse de croire à de trompeuses espérances. Renvoie à l'Autriche ces orgueilleux secours qui ne la sauveront pas elle-même. Quel brillant avenir t'attend ! le jour n'est pas loin où tu deviendras la capitale d'un puissant empire ; et, par un glorieux échange, unissant tes destinées à celle du Héros qui t'a rendue à ta première jeunesse, bientôt tu poseras sur sa tête la couronne de fer qui jadis orna le front de tes monarques.

Cependant Mantoue résiste encore. Wurmser la défend ; Wurmser enflé de quelques succès remportés au loin. Mais en vain l'expérience s'unit au courage pour conserver à l'Autriche ce dernier appui de ses espérances. Dieu l'a donnée à Napoléon ; ni ses hautes murailles, ni sa terrible artillerie, ni la nombreuse armée que renferme son enceinte, *ne pourront l'arracher de ses mains* (1). Arcole ne tiendra pas contre ces mêmes guerriers qui ont emporté Lodi. Comme ont tombé les plus superbes remparts, ainsi tomberont les plus célèbres capitaines.

Mais, tandis que le Héros poursuit ses conquêtes, voilà que tout à coup l'orgueil,

____

(1) *Isai.* XLIII, 13.

la haine , la vengeance et toutes les passions, ce semble abattues , se relèvent en rugissant autour du char de la Victoire, et soufflent la révolte parmi les peuples. Le sang français a coulé sous les poignards de la trahison NA-POLÉON revient sur ses pas ; le sang français est vengé. Reine dégradée, Venise pleure sur les débris de son antique grandeur. Ancône, Livourne sont enlevées à l'influence anglaise. Bologne, Ferrare, Urbin passent sous d'autres lois. Naples tremble, elle demande, et obtient la paix. Puisse-t-elle toujours rester fidelle à ses promesses ! La capitale du monde chrétien se croit menacée. La grande âme de NAPOLÉON dédaigne une trop facile conquête, et, par un solennel hommage rendu aux vertus concilia-trices de Pie VI, console d'avance son pontife des outrages réservés à ses derniers momens.

Hélas ! ces jours, ces mêmes jours si pleins de triomphes et de gloire au-dehors, combien ils étaient désastreux et lamentables au-dedans! Armées Françaises ! oui, vous avez bien mé-rité de la Patrie , car vous avez sauvé l'hon-neur du nom Français et l'intégrité de notre territoire ; vous avez écarté de la France les fléaux dont une victoire orgueilleuse s'apprê-tait à nous accabler.

Dans ces jours où la gloire n'était point sans dangers, et l'admiration sans envie, NAPOLÉON a conçu le projet de rendre utile à tout le genre humain le repos conquis par ses victoires. Il quitte la France, et traverse les mers qui la bordent, accompagné de l'élite des guerriers et des savans. A sa voix, Malthe s'est rendue. Il touche ces bords où de si honteux spectacles se mêlent à de si augustes souvenirs. Cette terre, le berceau antique des arts et des sciences, la première école du monde ; cette ville où respire encore, au milieu de ses débris, le génie d'Alexandre qui la fonda, toute cette contrée qui, par la singularité de ses contrastes, offrait, dès sa naissance, la prophétique image des révolutions dont elle a été le théâtre, l'Egypte, voilà la colonie qu'il faut créer, voilà le pays qu'il faut arracher à l'oppression, à la barbarie. Le Divan s'épouvante, l'Angleterre s'irrite. L'armée française est assiégée par tous les ennemis et tous les fléaux à la fois. Ce sont des essaims d'Arabes et de Turcs qui se renouvellent sans cesse, devenus chaque jour plus terribles, et par le nombre et par l'impétuosité du choc, plus furieux par la honte de leurs défaites et par le besoin de la vengeance. Ce sont tous les tourmens de la nudité, de la lassitude, de la faim et de la soif, lente et douloureuse agonie, où la mort semble se multiplier. Tantôt un ciel d'airain sans pluie et sans rosée, un sable brûlant qui fuit sous les pieds, une atmosphère embrâsée qui enferme comme dans un océan de feu ; tantôt des pluies excessives, qui ne laissent au soldat qu'un lit humide où l'œil appelle vainement le sommeil. Mais il n'est pour le Français qu'un mal, ce serait de ne pas répondre à la confiance d'un Général qui s'est réservé, pour distinction spéciale, la première part dans les privations et les dangers. O Postérité ! tu ne croirais point à cette foule de prodiges qui accompagnèrent l'entrée du nouveau Sesostris dans l'Egypte, et signalèrent chacun de ses pas ! non, tu n'y croirais point, s'ils n'avaient été surpassés encore par tous ceux que nous avons vus. Quelle brillante perspective s'ouvrait alors à nos espérances ! Avec quelle joie la politique contemplait l'indépendance des mers vengées enfin d'une honteuse servitude, la liberté du commerce s'ouvrant jusqu'aux Indes une route plus large et plus sûre ! Avec quelle ardeur nous aimions à suivre, dans leurs savantes et laborieuses excursions, le génie et l'étude allant méditer au milieu du silence et des tombeaux et des déserts, ces antiques archives des sciences, ces livres mystérieux écrits sur les rochers, et ces pyramides, immortels sanctuaires de la mort, et tous ces monumens, dont la magnificence a fait demander plus d'une fois s'ils ne furent pas construits par des géans, plutôt que par des hommes ! Mais surtout, Chrétiens ! avec quel saint enthousiasme nos regards appercevaient de loin ces futurs vainqueurs de l'Egypte, ces Français terribles à eux-mêmes comme à leurs ennemis, se reposant de leurs victoires au sein des arts pacifiques et de la Religion, rendre à leur nouvelle conquête, avec la liberté, la patrie des Origène et des Athanase, et bientôt la Syrie elle-même ajoutée à cet heureux domaine, les cèdres du Liban s'agiter à l'aspect de ces fiers descendans des Godefroi, des Châtillon, des Tancrède ; les rivages du Jourdain répéter les cantiques de la délivrance miraculeuse, les saints lieux affranchis, et le sépulcre du Sauveur rendu à la famille chrétienne ! Ah ! puisque le jaloux orgueil d'une nation implacable a traversé ce généreux dessein, du moins ne repoussons pas de nos cœurs l'espérance qu'un jour il obtiendra son glorieux accomplissement, et que le héros, à qui nous devons tant de merveilles, trouvera, dans le bonheur de l'exécuter, la récompense de l'avoir conçu.

De toutes parts les vœux publics appelent un libérateur au secours des finances anéanties, de la législation mutilée, d'un Gouvernement qui ne sait faire ni la guerre, ni la paix, de la patrie elle-même expirante dans les convulsions de l'anarchie ; et tous les vœux ont nommé BONAPARTE. Il arrive, il se montre ; la France entière s'est élancée au-devant du Héros qui va la régénérer : le 18 brumaire a terminé la sanglante tragédie de la révolution.

Maintenant par quel prix acquitter tant de services ? La reconnaissance nationale a déposé dans les mains de NAPOLÉON les rênes du Gouvernement et la charte de l'autorité consulaire ; hommage flatteur sans doute, puisqu'il est décerné par le premier peuple de l'univers ; dignité importante, puisqu'elle l'élève à l'égal des rois. Mais le consulat ne pouvait être encore, dans la pensée des sages législateurs qui le décrétèrent, qu'une magistrature provisoire et intermédiaire. Sans doute l'Esprit du Seigneur vint se reposer sur eux, ainsi qu'autrefois sur le prophète Samuël, pour leur dire : Voilà l'homme que j'avais manifesté par les prodiges de sa valeur et de sa sagesse, pour le mettre à la tête de mon peuple, *Ecce vir quem dixeram tibi : iste dominabitur populo meo* (1); et voyez, est-il dans tout Israël homme qui l'égale ? *quoniam non sit similis illi in omni populo* (2). En effet, interrogez amis et ennemis, et ceux qui sont près et ceux qui sont loin ; demandez-le à ces Potentats, naguères si puissans , aujourd'hui abattus dans la poussière : non , vous diront-ils, rien n'est comparable à lui *parmi les forts :* il nous a brisés comme de frêles roseaux ; *Vide quoniam non sit similis illi.* Demandez - le à ces tribus fugitives, auxquelles il a rendu une patrie ; à ces prêtres du Seigneur, qu'il a rappelés dans ses temples ; à ces habitans des villes et des campagnes, qui tous dorment en paix , tandis que lui il veille pour tous. Demandez le à ces épouses, veuves avant la mort de leurs époux; à ces fils qui allaient devenir orphelins ; à tant de familles qui n'existeraient plus peut-être, si Napoléon n'eût eu dans son cœur le courage de tous : et de toutes parts, les ac-

---

(1) I *Reg.* IX , 17. (2) I *Reg.* X , 24.

cens de la reconnaissance vont répondre qu'il n'est dans tout Israël personne qui l'égale, *quoniam non sit similis illi in omni populo.* Français ! n'a-t-il donc pas assez mérité d'être mis à la tête de l'Empire, celui-là sans qui vous n'auriez plus d'Empire ? Le Héros qui fait les Rois et détrône les Empereurs, ne vous semble-t-il pas assez grand pour être votre Empereur et votre Roi ? Élevez donc, élevez le nouveau Clovis sur le pavois militaire; élevez-le bien haut, pour que ses regards embrassent de plus loin, et tous les maux, et toutes les ressources. Investissez-le de l'autorité non incertaine et mobile, déshonorée par cela seul qu'elle peut l'être ; mais ferme, inébranlable, puis que c'est là le fondement du repos public; mais rappelée aux droits sacrés de l'autorité paternelle, qui en fut la source, et de la Majesté Divine, dont elle est l'image.

A la veille d'une bataille, le roi Philippe-Auguste, ayant déposé sa couronne sur l'autel, se retourne vers son armée, et d'une voix forte : Français, s'écrie-t-il, s'il est quelqu'un parmi vous qui soit plus digne que moi de cette couronne, qu'il parle. — Un seul cri se fait entendre : que Philippe règne sur nous; et la victoire de Bovine justifia l'armée et le

Monarque. Ainsi dans ce tournoi sanglant dont l'Europe a été le théâtre, nous avons vu la Providence poser la couronne antique de Charlemagne sur l'autel du sacrifice, environné d'écueils et de tempêtes. Tous les Rois sont entrés dans l'arène, et tous ont été vaincus. NAPOLEÓN seul a triomphé; donc que NAPOLEON règne sur les Français. Et dans les plaines de Marengo, la France a retrouvé une autre Bovine.

A peine est-il entré en possession du Gouvernement, qu'il propose la paix, *le premier des besoins, comme la première des gloires* (1); elle est refusée à ses négociations. La guerre, déjà rallumée dans les cœurs, éclate; elle embrâse encore l'Europe. Par des chemins nouveaux, inaccessibles, à travers les glaces et les rochers, une armée entière, sortie comme d'un nuage, se précipite tout-à-coup sur les camps ennemis. Moins prompt, dit l'Ecriture, est l'aigle qui fond sur sa proie (2); moins dévorante est la foudre qui,

---

(1) Lettre du premier Consul au Roi de la Grande-Bretagne.

(2) *Qui sperant in Domino, assument pennas sicut aquilæ, current et non laborabunt* Isai. XL., 31.

formée

formée sur les cîmes des montagnes, tombe dans les vallons, et répand avec l'effroi l'incendie et la mort.

Sur le champ de bataille, le vainqueur a reconnu la main qui *élève et humilie*, qui *donne la victoire et entraîne dans la fuite* (1). Dès-lors il a conçu la magnanime résolution d'appeler la religion dans ses conseils, et de placer son trône même sous la garde du sanctuaire. Alliance auguste de l'autorité politique et de l'autorité religieuse ! alliance qui ne fut jamais rompue impunément ! quelle sanction magnifique elle va recevoir des mains du grand Napoleon !

Telle sera la preuve de ta mission auprès des peuples et des Rois, disait le Seigneur à Moyse ; *après avoir délivré Israël de l'oppression, tu sacrifieras des victimes pures* dans mes temples (2). O triomphe ! ô bonheur inespéré ! les temples saints vont donc enfin se rouvrir! Le Concordat a réparé quinze années de tribulation, et Dieu, exilé de ses

---

(1) *Deus humiliat et sublevat.* I Reg. II, 7. — *Dei quippe est adjuvare, et in fugam convertere.* II Paralip. XXV.

(2) *Hoc habebis signum, quod miserim te : cum eduxeris populum meum de Egypto, immolabis Deo.* Exod. III.

autels, ne sera plus forcé de chercher au milieu de nous d'autres ténèbres que celles dont
il voile sa majesté sainte ! Ah ! combien ils
se trompaient, ceux-là qui avaient pu croire
qu'un grand Empire pouvait subsister sans religion ! Insensés ! qui veulent bâtir sur le néant,
ils amassent des monceaux de sable sur les
bords des torrens.

Eclairée par l'exemple de son souverain, la
France apprendra désormais à mieux connaître cette religion que Dieu lui-même a fait
descendre du ciel pour être le frein de la puissance, la sauve-garde des peuples, la maîtresse
la plus efficace de la vertu et de la morale ; par-
là, la source unique de la félicité des empires.

Si l'effervescence des systêmes nouveaux
avait paru effacer de nos cœurs ces généreux
sentimens, non, elle n'avait pu les anéantir.
Nous en avons eu le solennel témoignage au
jour à jamais mémorable où les mains du Souverain Pontife, imprimant à la suprême puissance le caractère le plus auguste dont elle
puisse être revêtue, ont consacré du sceau de
la Majesté Divine les droits de NAPOLEON
au trône de Charlemagne, et le devoir de
notre filiale soumission.

Ah ! tandis que notre reconnaissance com-
posait des fêtes pieuses et des monumens pa-

cifiques en l'honneur de cette glorieuse commémoration ; une troisième ligue ourdissait ses
trames dans le silence, déchirait les traités,
faisait avancer ses armées, et dans les rêves
de ses espérances, prenait déjà possession
de cet Empire. Mais, ô vanité des pensées
humaines ! pendant que les peuples et les Rois
s'abandonnaient à ces ambitieux complots; présent à leurs conseils, *le Dieu des Dieux* (1),
selon le langage des Livres Saints, que répondait-il à ces orgueilleux manifestes? *Rassemblez-vous , leur disait-il , réunissezvous, faites de formidables apprêts, vous
serez vaincu, congregamini, confortamini,
et vincimini* (2); et de son doigt immortel,
lui-même il écrivait sur les murailles de leurs
cités : Vous tomberez à l'aspect d'un autre Josué ; et sur les portes de leurs capitales : Ouvrez-vous à l'approche de celui que j'ai fait
votre triomphateur.

Hâtez-vous donc, ô légions étrangères ;
accourez, ô vous que des espaces lointains,
que d'éternels frimats, que les abîmes des

---

(1) *Quare fremuerunt gentes et populi meditati
sunt inania ? Astiterunt reges terræ.* Psalm. II, 1, 2.
*Deus stetit in synagogâ Deorum, in medio autem
Deos dijudicat.* Psalm. LXXXI, 1.
  (2) *Isa.* VIII, 9.

mers séparent du reste de l'Europe , hâtez-vous de ramener sur le champ de bataille ces timides alliés qui fuient , vaincus sans combats, vous ne faites tous que préparer au Sacre de Napoléon le plus solennel anniversaire. Le Dieu qui , du sein de son éternité , règle les temps et dirige la marche des heures , vous attend à ce jour mémorable, comme des victimes réservées à la pompe du sacrifice.

Restait cette puissance jeune encore , élevée dans les armes et dans la victoire , sortie de bonne heure d'une lice où elle avait su se rendre un moment redoutable , long - temps protégée par la renommée du grand Frédéric , et qui , seule debout au milieu de tant de ruines , avait conservé la paix durant le long cours de nos sanglantes querelles : tout à coup, entraînée par de perfides suggestions, la Prusse appelle à grands cris la guerre. Ah ! retombe sur elle tout le sang qui va couler ! Napoléon a entendu ces téméraires provocations : il vient, il combat , il a vaincu. Au sein de sa royale poussière , le lion du Nord , ce Frédéric, qui, jusque parmi les morts, semblait avoir retenu l'orgueil de sa domination , s'est réveillé ; il apprend que neuf jours ont suffi à Napoléon pour renverser cet empire qui lui avait coûté à lui tant de combats et d'années; il apprend quelles glorieuses représailles a obtenues la journée de Rosback: que ses provinces et ses trésors, et ses armées, et ce glaive si funeste à la France, tout est au pouvoir de la France; que la cause des Rois et des Autels, si long-temps avilis, est vengée; et, dans sa disgrâce, privé du droit d'être plaint, il entend *ces anciens maîtres de la terre*, et vainqueurs et vaincus, tous se réjouissant de sa chûte, s'écrier autour de lui: *Te voilà donc précipité à ton tour, ô toi qui bravais l'Eternel jusque sur son trône, et ta chûte t'a rendu semblable au dernier d'entre nous. Et tu vulneratus es sicut et nos; et nostri similis effectus es* (1).

Sur ce théâtre immortel de votre gloire, ô invincible Empereur! recevez, avec les hommages de la Patrie, que vos victoires ont sauvée des calamités de la guerre, les bénédictions des ennemis eux-mêmes, que la rapidité de vos conquêtes a sauvés des dangers de la résistance! Grâces vous soient rendues à vous aussi, Armées Françaises, dont la brillante valeur a si bien secondé le génie de votre auguste Chef.

---

(1) *Infernus conturbatus est in occursum adventûs tui, suscitavit tibi gigantes; omnes principes terræ surrexerunt de soliis suis; omnes principes nationum. Universi respondebunt tibi: et tu vulneratus, etc.* Isa. **XIV**, 9, 10.

Mais à travers ces champs de triomphe et d'allégresse, quelles voix plaintives se font entendre? Ce sont les voix des guerriers morts au champ d'honneur; elles nous demandent si la patrie *n'a de bénédictions* que pour les vivans (1). Non, Chrétiens, ils ne seront point oubliés dans nos chants religieux. La gloire des succès militaires est un patrimoine commun à ceux qui ne sont plus et à ceux qui survivent. Ils sont morts, dirons-nous, comme les braves savent mourir, terribles à leurs ennemis, couverts d'honorables blessures, vainqueurs de la mort elle-même; car ils vivent, et dans les éternels regrets de la patrie, et dans les souvenirs de l'histoire, et dans ce noble héritage de vaillance, transmis aux générations à venir. Ombres sacrées! sortez de vos tombeaux, et venez partager les honneurs que nous décernons aux héros d'Austerlitz et d'Jena. C'est votre sang qui nous a donné la victoire, c'est votre sang qui guidait vos compagnons d'armes à travers les feux et les dangers; c'est votre sang qui, inspirant une généreuse ardeur à une jeunesse avide de marcher sur vos traces, lui apprenait à vaincre l'ennemi et non à le compter.

____

(1) *Num unam tantùm benedictionem habes?* Gen. XXVII, 36.

Ici je m'arrête. Au-devant de ces triomphes qui ont surpassé de si loin nos espérances, et jusqu'à l'imagination elle-même, toute admiration est stérile, tout langage est faible et rampant. Que la terre se taise. Aussi bien ces ruines de cités et de royaumes, ces lambeaux sanglans de peuples mutilés par le fer des combats, et ces morts soudaines d'Empires qui se croiaient immortels; avec quelle force tout cela nous crie: qu'il n'est donc point sur la terre de puissance et de sagesse qui ne soient un néant, point de grandeur dont les jours ne soient comptés, et dont la chûte ne devienne inévitable, quand il en est ainsi ordonné par les arrêts de la Providence; qu'il est donc par-dessus toutes ces royautés terrestres, un autre Souverain, maître absolu des Rois et des Empires, qui tient dans ses mains les cœurs des hommes, répand dans leurs conseils, tantôt l'esprit de prudence et de force qui sauve les états, les établit ou les régénère; tantôt l'esprit de vertige et d'égarement qui les jette dans l'ivresse, et les fait courir à leur perte; et qui, suscitant les révolutions humaines pour en faire l'instrument de ses vengeances, et la leçon des Rois, transporte la domination d'un peuple à un autre peuple, d'une famille à une autre famille ; (1) se jouant à son gré, et de la politique des sages, et de la valeur des guerriers, et de la multitude des combattans ; seul immuable, seul immortel, tandis qu'autour de lui tout change, tout s'écroule, tout meurt !

Nous vous dirons donc avec votre prophète, ô mon Dieu ! *Qui ne vous craindrait, ô Roi des nations* (2) : Nous vous adorerons dans les œuvres de votre main, dans les conseils de votre Providence, dans ces prodiges de justice et de miséricorde que vous seul avez pu faire, *Tu es qui facis mirabilia magna solus* (3). Nous vous honorerons dans le prince sur qui vous avez imprimé votre image (4) par sa consécration, nous lui rendrons hommage, comme au représentant de votre majesté ; nous lui payerons le tribut (5) ; nous dévouerons notre vie à son service ; nous prierons pour lui, afin qu'heureux sous ses lois pendant la vie, nous soyions heureux avec lui sous votre empire. *Ainsi soit-il.*

---

(1) *Daniel* II, 20, 21, 22.
(2) *Quis non timebit te, o rex gentium?* *Jer.* X, 7.
(3) *Psalm* CXXXV, 4.   (4) I. *Petr.* II, 17.
(5) *Rom.* XIII, 6.

F I N.